# LIDERANÇA

Capacidades Finais Para Se Tornar Num Líder Poderoso E Motivar Pessoas

(Dicas Para Inspirar, Influenciar E Tomar Decisões Como Um Chefe)

**Gary Rush**

Traduzido por Daniel Heath

## Gary Rush

*Liderança: Capacidades Finais Para Se Tornar Num Líder Poderoso E Motivar Pessoas (Dicas Para Inspirar, Influenciar E Tomar Decisões Como Um Chefe)*

ISBN 978-1-989837-61-0

## Termos e Condições

De modo nenhum é permitido reproduzir, duplicar ou até mesmo transmitir qualquer parte deste documento em meios eletrônicos ou impressos. A gravação desta publicação é estritamente proibida e qualquer armazenamento deste documento não é permitido, a menos que haja permissão por escrito do editor. Todos os direitos são reservados.

As informações fornecidas neste documento são declaradas verdadeiras e consistentes, na medida em que qualquer responsabilidade, em termos de desatenção ou de outra forma, por qualquer uso ou abuso de quaisquer políticas, processos ou instruções contidas, é de responsabilidade exclusiva e pessoal do leitor destinatário. Sob nenhuma circunstância qualquer, responsabilidade legal ou culpa será imposta ao editor por qualquer reparação, dano ou perda monetária devida às informações aqui contidas, direta ou indiretamente. Os respectivos autores são proprietários de todos os direitos autorais não detidos pelo editor.

Aviso Legal:

Este livro é protegido por direitos autorais. Ele é designado exclusivamente para uso pessoal. Você não pode alterar, distribuir, vender, usar, citar ou parafrasear qualquer parte ou o conteúdo deste ebook sem o consentimento do autor ou proprietário dos direitos autorais. Ações legais poderão ser tomadas caso isso seja violado.

Termos de Responsabilidade:

Observe também que as informações contidas neste documento são apenas para fins educacionais e de entretenimento. Todo esforço foi feito para fornecer informações completas precisas, atualizadas e confiáveis. Nenhuma garantia de qualquer tipo é expressa ou mesmo implícita. Os leitores reconhecem que o autor não está envolvido na prestação de aconselhamento jurídico, financeiro, médico ou profissional.

Ao ler este documento, o leitor concorda que sob nenhuma circunstância somos responsáveis por quaisquer perdas, diretas ou indiretas, que venham a ocorrer como resultado do uso de informações contidas neste documento, incluindo, mas não limitado a, erros, omissões, ou imprecisões.

# Índice

Parte 1 .................................................................................. 1

Introducão ........................................................................... 2

Capítulo 1 – Compreendendo A Liderança ....................... 4

Capítulo 2 – As Batalhas Pessoais ....................................... 7

QUALIDADE Nº 1 – SERVIDÃO ................................................. 7
QUALIDADE Nº 2 – AUTO-DISCIPLINA ...................................... 8
QUALIDADE Nº 3 – PAIXÃO ..................................................... 9
QUALIDADE Nº 4 - COMPROMETIMENTO .................................. 9
QUALIDADE Nº 5 – ASSUMIR RESPONSABILIDADE ..................... 11

Capítulo3 – Relacionamentos E Comunicação Efetiva ....... 12

QUALIDADE Nº 1 – OUVIR COM ATENÇÃO ............................... 12
QUALIDADE Nº 2 – COMUNICAÇÃO CLARA .............................. 13
QUALIDADE Nº 3 – BUSCAR RESPONSABILIDADES ..................... 14
QUALIDADE Nº 4 – FALAR A VERDADE .................................... 15

Capítulo 4 – Qualidades De Gerenciamento De Pessoas ... 16

QUALIDADE Nº 1 – HABILIDADE EM DELEGAR ATIVIDADES ............ 16
QUALIDADE Nº 2 – SER INSPIRADOR ....................................... 18
QUALIDADE Nº 3 – GENEROSIDADE ........................................ 19

Capítulo 5 – Qualidades De Um Líder Em Tomar Decisões E Administração De Crises ..................................................... 21

QUALIDADE Nº 1 - INTUIÇÃO ................................................. 21
QUALIDADE Nº 2 - CRIATIVIDADE ........................................... 22
QUALIDADE Nº 3 – SENSO DE HUMOR .................................... 23

Conclusão ........................................................................... 25

Parte 2 ................................................................................ 27

Introdução .......................................................................... 28

Dicas 1 A 5 .......... 30

FOQUE NA VERDADE .......... 30
ENTRE EM SINTONIA COM O SEU ESTILO DE LIDERANÇA .......... 30
AJUDE O SEU DEPARTAMENTO DE CRIAÇÃO .......... 31
NUNCA SE ESQUEÇA DE QUE VOCÊ SERVE COMO EXEMPLO .......... 31
SEMPRE DEMONSTRE SUA PAIXÃO E DEDICAÇÃO .......... 32

Dicas 6 A 10 .......... 32

SEMPRE SEJA POSITIVO .......... 32
ENCORAJE E RECEBA BEM TODAS CONTRIBUIÇÕES DENTRO DE SEU DEPARTAMENTO .......... 33
NUNCA SE ESQUEÇA DE MOTIVAÇÃO .......... 34
SEMPRE TENTE ALGO NOVO .......... 34
NUNCA COMPLIQUE AS COISAS MAIS DO QUE O NECESSÁRIO .......... 35

Dicas 11 A 15 .......... 35

JUNTE-SE AOS OUTROS DA EMPRESA .......... 35
CULTIVE O CRESCIMENTO DE SUA EQUIPE .......... 36
SAIBA UTILIZAR BEM AQUELES COM CARISMA .......... 36
SAIBA AQUILOQUE É NECESSÁRIO MUDAR .......... 37
SAIBA USAR AS REDES SOCIAIS A SEU FAVOR .......... 37

Dicas 16 A 20 .......... 38

SAIBA COMO APROVEITAR MELHOR UMA CONVERSA OLHONOOLHO 38
EQUILIBRE A SUA CONFIANÇA PARA QUE ELA NÃO SE TORNE ARROGÂNCIA .......... 38
TENHA UMA VISÃO DE ONDE VOCÊ QUER CHEGAR E DEPOIS VÁ ATRÁS DELA .......... 39
USE O SEU COMPROMISSO E DEDICAÇÃO PARA INSPIRAR SUA EQUIPE .......... 39
NÃO TENHA MEDO DE SE ARRISCAR .......... 40

Dicas 21 A 25 .......... 41

SAIBA COMO SE COMPORTAR DE MANEIRA PROFISSIONAL .......... 41
VOCÊNÃO É O REI .......... 41
ESTEJA DISPOSTO A MUDAR A QUALQUER INSTANTE .......... 42

SEMPRE CUMPRA A TAREFA ....................................................... 42
VALORIZE A SUA EQUIPE ........................................................ 43

Dicas 26 A 30 ................................................................. 43

SAIBA QUAIS SÃO AS SUAS LIMITAÇÕES E AS ACEITE ..................... 43
TENHA BOM HUMOR ............................................................ 44
SEJA ORGANIZADO .............................................................. 45
FAÇA O QUE DEVE SER FEITO PARA ATINGIR SUAS METAS ............ 45
NUNCA ACEITEQUE VOCÊ É INCAPAZ DE FAZER ALGO. .................... 46

Dicas 30 A 35 ................................................................. 46

FIQUE SEMPRE DE OLHOS ABERTOS............................................ 46
SEJA JUSTO COM TODOS ...................................................... 47
SEMPRE SEJA OTIMISTA......................................................... 47
TENHA ALGUÉM QUE VOCÊ SABE UE PODE CONTAR ..................... 48
SUA EQUIPE É IMPORTANTE. ..................................................... 48

Dicas 36 A 40 ................................................................. 49

ESCREVA SEUS PLANOS PARA AEQUIPE........................................ 49
DEMONSTRE EMPATIA ............................................................ 49
AJA DE FORMA DECISIVA ....................................................... 50
AME SUA EQUIPE ................................................................. 50
DEIXE QUE SUA EQUIPEFIQUE COM O CREDITO PELAS CONQUISTAS. 51

Conclusão ..................................................................... 52

**Parte 1**

## Introducão

*Eu gostaria de lhe agradecer e lhe parabenizar por baixar este livro.*

Como alguém se torna um bom líder? É através de estudos vigorosos? É lendo toneladas de livros pesados e grossos sobre liderança? Nascendo uma realeza ou de uma linhagem de políticos?

Muitas pessoas, de todas as partes do mundo, passaram por várias coisas apenas para descobrir como se tornar um grande líder. Muitos livros já foram publicados instruindo as pessoas de que eles deveriam ser desse modo ou daquele, para então se tornarem o próximo grande líder que o mundo conhecerá.

Assim como todas as outras qualidades conhecidas, a liderança também é uma característica rara que qualquer um pode possuir. É incomum e é por isso que muitas pessoas queriam tê-la, mas nunca conseguiram. É curioso como se têm tantos livros ótimos sobre liderança, mas ainda é difícil ter uma liderança excelente.

As pessoas procuram em todos os lugares, mas não olhavam para si mesmas. Eles parecem ignorar que a liderança não é apenas o título ou a pessoa; é a totalidade de uma pessoa, a qual compreende suas ações, modo de pensar, suas qualidades e seu carisma. Todas essas coisas simples são o que a maioria das pessoas esquece.

Este livro contém estratégias e qualidades que um bom líder deve possuir. Você irá encontrar as qualidades o ajudarão a lidar com pessoas e circunstâncias da vida real.

Este livro é composto por 5 capítulos que cobrem pontos importantes para guiá-lo em sua busca para se tornar um líder para a vida.

Leia e alimente sua mente com novas informações sobre as qualidades que um verdadeiro líder realmente tem.

Obrigado novamente por baixar este livro, espero que goste!

## Capítulo 1 – Compreendendo a Liderança

Para você, o que é liderança? Se você disse que liderança é ser capaz de comandar pessoas, você está parcialmente certo. Líderes comandam pessoas. Se você disse que é sobre gerenciar pessoas, então, novamente, você está parcialmente certo. Líderes, de fato, gerenciam pessoas. Se você diz que liderança significa ser capaz de liderar pessoas, então você ainda está certo. Líderes são chamados assim porque eles realmente lideram outras pessoas. Todas essas definições estão corretas, mas não inteiramente corretas. Por quê? Porque todas essas definições estão centradas na pessoa que está liderando e não envolve outras pessoas, a equipe ou os membros da equipe.

Liderança significa ser capaz de compartilhar sua vida com as pessoas que você está liderando. Um líder que não envolve seus membros quando se trata de planejamento não é um bom líder. Um líder que faz as coisas sozinho e não colabora é um líder, mas não é um bom líder. Um líder que pode gerenciar os membros de sua equipe sem permitir que eles façam o que gostariam, não possui fortes habilidades de liderança. Todos podem ser líderes, mas nem todos podem ser ótimos líderes.

Muitas pessoas querem ser líderes. Por quê? Porque querem ser ouvidas. Todos queremos sempre estar certos, ser ouvido, e aquele em quem se confiaria. Mas ser líder não significa apenas ser capaz de liderar. Liderança é a capacidade de criar uma visão com sua equipe, reunindo pessoas que compartilham a mesma visão com você e trazendo essa visão para a vida. Não é sobre mudar a opinião das pessoas e tentar manipular outras vidas, é sobre praticar o que você prega. As pessoas que vêem você fazendo o que você diz o veriam como alguém que é influente e inspirador. Tome uma atitude, em vez de apenas falar. Isso é o que um grande líder faz.

Liderança não é apenas ter o poder de controlar as pessoas e deixá-las fazer o que você quer que elas façam, não funciona assim. Não se trata de ter a postura poderosa e autoritária ou a sabedoria exuberante que conquistaria o respeito das pessoas. É uma combinação de diferentes aspectos, liderança é ter as qualidades que ajudariam sua equipe a se unir e terminar um projeto juntos.

Nos capítulos seguintes você aprenderá sobre as qualidades que um bom líder deve ter para ser eficaz. Todas essas qualidades são básicas, mas são vitais para melhorar suas habilidades de liderança. Confira para descobrir se você possui boas qualidades de liderança ou aprenda a aperfeiçoá-las se ainda não as tiver.

## Capítulo 2 – As Batalhas Pessoais

A formação de um grandes líder começa dentro de si. Não se surge liderando outros, sem liderar sua própria vida e encarar sua própria batalha primeiro. Líderes conhecem suas fraquezas e os usam para extrair forças. A maioria dos líderes enfrentou adversários e aprendeu muito, o que os torna uma versão melhor de si mesmo.

**Qualidade nº 1 – Servidão**
Bons líderes são bons seguidores, colocaram os outros antes de si mesmos. Verdadeiros líderes servem as pessoas, e os servem primeiro sem pensar em si mesmos. Sempre acreditam que o sucesso não é um esforço individual, mas um trabalho em equipe. Um bom líder sempre dá crédito à equipe por trás do sucesso de um projeto. Ele também é bom em seguir instruções, quando um líder ouve, ele ouve atentamente e se poe no lugar de outras pessoas.

Bons líderes são cuidadosos ao seguir instruções e dão atenção aos detalhes. Algumas pessoas que tentaram ser grandes líderes falham porque não conseguem seguir instruções simples, nem todos podem seguir instruições claras simplesmente porque não podem descer do pedestal. Seguir instruções símples mostra que você não é elhor do que todos os outros na sala. Se você tem esse característica, então você tem uma das melhores qualidades de um bom líder.

**Qualidade nº 2 – Auto-disciplina**
A autodisciplina não é apenas uma limitação, é ser capaz de se controlar e ter a coragem de dizer não a coisas que são menos importantes. Para ser um grande líder você deve ser capaz de vencer batalhas pessoais antes de poder vencer as batalhas na arena pública. Você não pode impor coisas a outras pessoas se nem mesmo você age de acordo. A autodisciplina pode é extremamente importante quando você se torna um líder, e é por isso que é importante dar atenção

a ela, você pode influenciar outras pessoas com seu modo de agir e com as coisas que você faz.

### Qualidade nº 3 – Paixão

Todos devem ter uma paixão. É o impulso que os faz fazer coisas, até mesmo as impossíveis. Grandes líderes não fazem apenas as coisas por fazer, fazem o que gostam de fazer. Na maioria das vezes eles têm uma equipe de pessoas que compartilham da mesma paixão que eles. Eles sempre encontram algo para alcançar ou um objetivo a alcançar. Um bom líder tem um objetivo, sua paixão vai além do trabalho que faz e das coisas que precisa terminar. É a sua força motriz e a principal razão pela qual faz as coisas.

### Qualidade nº 4 - Comprometimento

Se você quer que sua equipe dê seu 100% e produza um trabalho de qualidade, você precisa dar o exemplo, precisa servir como modelo. Nada pode motivar mais um trabalhador do que ver o chefe trabalhando como todos. É sempre bom ver seu chefe trabalhando e não apenas comandar, mas estar realmente empenhado em fazer o trabalho. Ao mostrar como você está comprometido em atingir a meta de sua equipe e sua função como líder, você não apenas conquista o respeito de sua equipe, mas também inspira o mesmo comprometimento e energia para sua equipe.

O comprometimento não é apenas comprovado com o término do trabalho, mas também com as promessas que você faz. Se você prometer dar à sua equipe um bônus ou se comprometer a organizar uma festa na sexta à noite, mantenha sua promessa. Você não quer apenas criar uma reputação de um líder que trabalha duro, mas também como um líder justo. Depois de ganhar o respeito de toda a equipe, é mais provável que eles ofereçam o tipo de trabalho de qualidade que você deseja que eles ofereçam.

**Qualidade nº 5 – Assumir Responsabilidade**

Um bom líder assume a responsabilidade por suas ações e não transfere a culpa a ninguém . Se você quer ser um bom líder, deve ser capaz de aprender a assumir responsabilidade por suas ações, Se você errou, encontre a falha em si mesmo em vez de apontar o dedo para outra pessoa. Em vez de repreender toda a equipe pelo projeto fracassado, veja o que você deixou passar e aprenda com isso. Se você acha que tem o direito de lavar as mãos quando as coisas não saem como planejado, então você está errado. Se você pode levar seu time ao sucesso, também é você quem tem o poder de levá-lo ao fracasso.

## Capítulo 3 – Relacionamentos e Comunicação Efetiva

Para ser um bom líder, é preciso entender o que é comunicação. Algumas pessoas acham que são os líderes que sempre falam, mas a maioria dos grandes líderes que o mundo conhece diria o contrário. Bons líderes são comunicadores eficazes. Eles podem transmitir o que querem e têm o carisma que pode atrair a atenção de outras pessoas para eles.

**Qualidade nº 1 – Ouvir com Atenção**
As pessoas podem ouvir, mas nem todas escutam. Na maioria das vezes, quando alguém está falando, apenas ouvimos, mas não escutamos muito bem. Bons líderes ouvem atentamente, sempre se asseguram de que aquele que fala seja ouvido e que as opiniões sejam expressadas. Líderes que buscam o sucesso e acabam liderando uma equipe de cem pessoas poderiam atestar que se você quer ser um bom líder, também deve ser um bom ouvinte. É sobre ficar em

silêncio e ouvir o que seus membros gostariam de dizer.

Nem todas as ideias devem vir de você e todos em sua equipe têm algo a contribuir. Se você considera apenas sua opinião ou ideia como a melhor, é preferível pensar novamente. Pensar assim seria seu ingresso para o fracasso. Um bom líder sempre tem ouvido para escutar o que os outros têm a dizer.

**Qualidade nº 2 – Comunicação Clara**
Você pode ser autoritário e confiante, mas ainda respeitar as opiniões dos outros. Um bom líder deve aprender a arte de dizer "não" sem ser ofender ninguém. Você não precisa ser rude apenas para demonstrar autoridade ou ser ouvido por seus seguidores. Boas palavras, bom conteúdo e confiança em falar sempre atraem os ouvidos do público. Não se esqueça de considerar o que seu público precisa ouvir, no entanto, nunca fale apenas para agradar as pessoas que estão lhe ouvindo. Seja crível quando diz alguma coisa.

Nunca se esqueça da essência do que você está transmitindo, para que possa transmitir a mensagem claramente para seus ouvintes. Outro ponto que você deve focar é pensar primeiro sobre o que você quer falar. Pense primeiro antes de dizer qualquer coisa. É também uma das boas qualidades de um líder poder falar claramente aos seus seguidores. Fale com confiança para que sua mensagem não seja desconsiderada. Expresse com respeito aos seus ouvintes. Lembre-se sempre de que as pessoas se lembrariam de como você diz as coisas, então se expresse claramente, simplifique sua mensagem e seja direto. Analise seu público para saber o que dizer.

**Qualidade nº 3 – Buscar responsabilidades**
Sempre peça opiniões de outras pessoas ou pergunte o que elas têm a dizer sobre o assunto. Busque respostas e esteja aberto as idéias de seus funcionários. Bons líderes gostam de aprender com seu time. Esta é apenas uma maneira de permitir que seus

funcionários saibam que você valoriza as opiniões deles e que eles podem falar o que pensam sobre um determinado tópico. Apenas certifique-se de deixar sua equipe entenda que o objetivo da comunicação é apresentar uma ideia ou um apelo à ação. Valorize suas opiniões, ideias e palavras para que fiquem mais tempo com você. Todo mundo quer ser ouvido, assim como seus funcionários.

**Qualidade nº 4 – Falar a Verdade**
Não abrande as coisas quando você está se comunicando com os membros da sua equipe. Além do fato de ser uma perda de tempo, também mostra incompetência e falta de confiança. E você não precisa disso no momento. Então, fale claramente e fale a verdade o tempo todo.

## Capítulo 4 – Qualidades de Gerenciamento de Pessoas

Os líderes devem aprimorar sua capacidade de gerenciar sua equipe nalém de se concentrar em melhorar suas habilidades de comunicação, pois um líder gerencia um grande número de pessoas, e não importa quão bons sejam alguns líderes na comunicação, ainda há outras coisas que eles devem fazer de forma eficaz. Eles devem possuir excelentes qualidades de gerenciamento para lidar com a equipe e maximizar as habilidades de cada membro.

### Qualidade nº 1 – Habilidade em Delegar Atividades

É importante polir a visibilidade da sua marca se você quer criar uma equipe bem organizada e competente. Apenas certifique-se de que você está disposto a confiar em sua equipe quando se trata de realizar as tarefas atribuídas a eles e certificando-se de que eles estão alinhados com sua visão. Isso impedirá que você fique preso no seu nível atual. Você precisa confiar na capacidade de sua equipe se quiser passar para as próximas fases do seu projeto.

Como líder você deve aprender a confiar na capacidade de sua equipe de concluir uma tarefa a ela atribuída. É importante que você conheça os pontos fortes e fracos de todos, para poder delegar tarefas aos departamentos apropriados. Delegar tarefas é uma das habilidades mais importantes que você deve aperfeiçoar e tomar nota à medida que sua empresa cresce. Se você não confiar em sua equipe e fizer as coisas por conta própria, o trabalho começará a se acumular; e quanto mais você se estica ao limite, menor será a qualidade de seu trabalho, levando a perdas.

A chave para delegar tarefas é avaliar e identificar cada um dos pontos fortes de seu grupo de trabalho e se concentrar nisso. Descubra o que cada um de seus funcionários adora fazer mais ou a tarefa em que eles trabalham melhor e aproveite isso. É provável que, se eles gostarem da tarefa para a qual foram designados, trabalharão mais e com menos esforço. Fazer isso é uma situação em que todos ganham, pois seus funcionários perceberão que você confia neles e acredita em suas capacidades.

A sensação de que seu chefe confia em você é algo que a maioria da equipe nunca iria querer estragar, e vão colocar mais esforço em tudo o que fazem. Também lhe restará mais tempo e energia para se concentrar em tarefas mais difíceis e mais desafiadoras. Isso é um ato de equilíbrio tão simples, mas que terá um impacto enorme na produtividade de sua empresa.

**Qualidade nº 2 – Ser Inspirador**
Estabelecer um negócio geralmente inclui um pouco de cálculo, especialmente se você ainda está começando. Você deve inspirar sua equipe para enchergar sua visão, simplificando, todos vocês devem estar olhando na mesma direção. Como um grande líde, você não deve exigir que os outros o sigam ou tenham os mesmos princípios que você. Em vez de forçar sua

equipe a trazer o mesmo nível de energia e entusiasmo que você tem, tente envolvê-los em suas atividades. É importante que eles vejam o quanto você almeja alcançar o objetivo da sua equipe.

Se você reunir pessoas que estão no mesmo barco que você, é provável que alcance sua meta sem problemas. No entanto, há momentos em que seu foco não coincida com sua equipe e, quando isso acontece, você não precisa mudar suas pessoas para que as coisas funcionem bem, só precisa inspirá-los e deixá-los saber por que você está fazendo as coisas que você faz. Esta é uma maneira melhor de encorajá-los para que todos possam alcançar sua visão.

**Qualidade nº 3 – Generosidade**
Todo líder deve saber como recompensar os esforços de um membro. Estabelecer um sistema de recompensas na sua empresa é uma ótima maneira de mostrar à sua equipe que a produtividade e o trabalho árduo serão recompensados. Nenhum líderes neste mundo

conseguiram sozinhos, eles têm uma equipe, eles trabalham com outras pessoas e mantêm essa equipe cuidando deles. A melhor maneira de cuidar de sua equipe é reconhecer seu trabalho através de sua generosidade.

Liderar sua equipe de maneira eficaz requer que você ouça os comentários e ofereça gratificação e recompensas por seu trabalho árduo e suas contribuições positivas para um projeto. As recompensas não precisam ser extravagantes, presentes simples ou gestos de apreciação são suficientes para inspirá-los a dar o melhor de si e irão motivá-los a manter um bom trabalho.

## Capítulo 5 – Qualidades de um Líder em Tomar Decisões e Administração de Crises

Como líder, você deve sempre ter um plano B em tudo que faz, caso contrário poderá achar difícil lidar com as terríveis conseqüências de suas decisões. Aqui estão algumas qualidades importantes de um líder que ajudariam muito durante os tempos difíceis, especialmente quando se trata de administrar uma crise ou tomada de decisão e gerenciamento.

### Qualidade nº 1 - Intuição

Ao liderar uma equipe em uma área desconhecida ou não familiar, geralmente não há um roteiro que diga o que fazer ou o que seguir. Nada está claro, e quando coisas assim acontecem, a pressão às vezes é demais para suportar. Durante os tempos de aventuras em águas inexploradas, a intuição natural de um líder tem que se manifestar: é sua responsabilidade orientar sua equipe durante o processo de suas atividades diárias. Às vezes você não tem 100% de certeza sobre as coisas, mas precisa confiar na sua intuição e também confiar nos membros da sua equipe. Então, quando algo novo acontece e você se depara com situações inesperadas, sua equipe definitivamente procuraria por você para ser guiado.

Aprender com suas experiências e decidir com base no que aprendeu é uma ação que deve ser implementada ao enfrentar uma crise. Eventualmente estas circunstâncias difíceis passarão e você acabará aprendendo com essas situações. Você simplesmente tem que confiar em seu instinto para as respostas certas, se cometeu um erro, aprenda com isso e tome isso como uma experiência de aprendizado que você pode usar mais tarde na vida. Apenas lembre-se de confiar em si mesmo. Confiar em você e em sua decisão é importante para que ganhe a confiança de sua equipe.

**Qualidade nº 2 - Criatividade**
Grandes líderes costumam pensar fora da caixa, vêem o quadro maior e vão além do

convencional. Eles sempre têm uma segunda opção ou um plano B. Ser criativo é vital para um líder, isso ajuda muito não apenas na formulação das melhores decisões, mas também na escolha de uma solução para um problema que produza o melhor resultado.

Durante uma crise ou situação inesperada, a maioria de sua equipe olharia para você e buscaria sua decisão. Então, você precisa improvisar e ser criativo ao tomar decisões, as quais devem ser eficazes e criativas. Aprenda a pesar as coisas e nunca apresse suas decisões.

**Qualidade nº 3 – Senso de Humor**
Embora não seja uma exigência, um grande líder que suavisa o ambiente de trabalho é mais preferido pela equipe do que um chefe rígido. Uma vez que é sua responsabilidade deixar a energia positiva fluir em seu ambiente de trabalho, então, fazer uma piada certamente contribui com o astral do meio de trabalho. Com base em pesquisas, as pessoas aprendem mais quando uma informação ou idéia é

apresentada de maneira humorística ou descontraída.

Sorrir libera hormônios que fazem as pessoas se sentir bem, permitindo assim que absorva informações facilmente. Isso também acontece no seu local de trabalho, se você puder tornar o ambiente mais leve, provavelmente sua equipe poderá trabalhar com mais eficiência e qualquer pressão não será ampliada. Seria mais fácil alcançar o objetivo de sua equipe se todos se sentirem bem durante o trabalho.

## Conclusão

Ser um grande líder não é um passeio no parque, implica trabalho duro e aprender com seus erros. Executivos, líderes e pessoas importantes que o mundo conhece passaram por diferentes eventos em suas vidas que os tornaram exatamente quem são agora. Todos começaram pequenos e tiveram menos experiência, no entanto, através de muitos anos de trabalho duro e aquisição de informações, eles aprenderam a desenvolver as qualidades de um bom líder.

Se você deseja ser um bom líder, esteja disposto a fazer algumas mudanças em seu comportamento atual, melhore suas habilidades de liderança adquirindo as qualidades de um bom líder. Você também deve entender que para ser um bom líder, você também deve ser um bom seguidor. Para ser ouvido, você deve falar claramente e aprender a ouvir os outros. Para ser seguido você deve ser um bom exemplo e ser digno de ser seguido pelas pessoas ao seu redor.

Nunca se esqueça de que ser um líder não é sobre você, mas sobre sua equipe e as pessoas com quem você trabalha. O mundo não gira em torno de você. O que você faz tem consequências e você deve escolher cuidadosamente o que quer fazer. Sempre pense fora da caixa e olhe para a perspectiva geral. Nunca se esqueça de dar ouvidos aos seus membros, as vezes, para ser um bom líder você também deve ser um dos membros.

Obrigado novamente por baixar este livro! Espero que este livro possa ajudá-lo a identificar as melhores qualidades que um bom líder deve possuir. Estes são apenas alguns, mas são considerados as qualidades mais indispensáveis de um grande líder.

Obrigado e boa sorte!

**Parte 2**

## Introdução

O sentido da palavra liderança pode variar de pessoa para pessoa. Para algumasa palavra define alguém capaz de agir de forma carismática, sabendo fazer com que a equipe inteira consiga atingir os mesmos objetivos, utilizando, ao mesmo tempo, o potencial individual de cada um. Se alguém está tendo dificuldades, esse líder é aquela pessoa capaz de entrar em ação e ajudar dando a atenção necessária para que o problema seja resolvido. A meta desse líder é encorajar as competências individuais de todos presente na equipe, para que assim a equipe tenha sucesso tanto do ponto de vista individual quanto coletivo.

Outra forma de liderança é aquela exercida por alguém que leva a sério o conhecimento de tudo que diz respeito a sua área, além de deixar claro quais são suas metas e se essas estão sendo atingidas ou não. Em alguns casos, esse tipo de líder observa com atenção tudo que está se passando, e caso veja algo que não lhe parece certo, ele logo entra em ação para corrigir a situação. Embora essa atitude possa passar uma certa sensação de paz para esse tipo de líder, ela acaba sendo má vista por aqueles que se sentem "controlados" pelapessoa que as "vigia"

O terceiro tipo de liderança é aquela em que a pessoa "no top", deixa cada um a vontade para agir da forma que lhes convenha. Para esse líder, desde que as coisas estejam indo bem, não há necessidade de se importar com os todos os detalhes e minúcias do dia a dia. Quando há algum problema ou dificuldade que se apresenta, desse tipo de líder, analizará o problema para logo resolve-lo, e após isso, ele volta sua mente para outras coisas.

Dependendo de sua personalidade, alguma dessas três formas de liderança se aplica a você. Entretanto, se você nunca exerceu o papel de líder antes, ou mesmo se você deseja apenas aumentar suas capacidades enquanto líder, nas próximas páginas deste livro seguem algumas dicas simples e eficazes, feitas especificamente para que você melhore ainda mais as suas características tornando-se assim, um líder melhor do que já é.

### Dicas 1 a 5

**Foque na Verdade**

Um dos maiores erros que as pessoas em postos de liderança cometem é massagear o ego dos colaboradores, dizendo a elesexatamente aquilo que querem ouvir, ou, às vezes, acabam até usando de mentiras para conseguir o que querem. Como diz o ditado – mentira tem perna curta; e agindo assim, logo você acabará perdendo o respeito de sua equipe e você juntamente com a capacidade de os mobilizar.

**Entre em Sintonia com o Seu Estilo de Liderança**

Mesmo que não saiba ainda, você já possui um estilo próprio de liderança, e será de grande valia conhecer melhor o seu estilo de liderança; assim você estará pronto para ser um líder mais efetivo, e ao mesmo tempo, passará uma imagem de estabilidade e respeitabilidade. Em alguns casos, você verá que pode existir uma tática que visa a coesão de sua equipe.

Ajude O Seu Departamento de Criação

Se sua equipe faz sempre a mesma coisa já prevista, o crescimento dela será lento, isso se ocorrer; por isso, uma boa ideia é encorajar a criatividade de sua equipe para fazer com que a empresa vá mais longe; ter a certeza de que as necessidades de todos os membros estão sendo atendidas também é uma ótima ideia. Sempre tente manter o nível de criatividade em um alto patamar e elogiesempre as boas as ideias.

Nunca se Esqueça de que Você Serve como Exemplo
Quando você estiver sozinhoem sua sala, pode ter a certeza de que sua equipe está de olho em você. Se você sempre age de forma preguiçosa e faz seu trabalho pela

metade, sua equipe será um reflexo dessas suas atitudes. Aqui cabe saber usar o papel da liderança como uma forma de exemplo, de conduta. Aja da forma correta, mantendo seus os seus valores e integridade.Sua equipe saberá o que é esperado deles.

Sempre Demonstre sua Paixão e Dedicação
É importante que você saiba como se tornar ainda mais dedicado e apaixonado por seu trabalho. A ideia é que sua equipe o veja como alguém capaz e estável; alguém que ama muito aquilo que faz. Assim,essa sua paixão acabarápassando de você até a mesa de sua equipe, fazendo com que cada membro dela também consiga se identificar com sua atitude de amor por aquilo faz.

### Dicas 6 a 10
**Sempre Seja Positivo**
Uma das piores coisas que você pode fazer é deixar que sua atitude negativa interfira no seu trabalho. Seus colaboradores verão essa atitude e se

afastarão de você, tentando lhe evitar sempre que possível. Se sua atitude negativa continuar, isso acabará fazendo com que sua equipe se sinta desencorajada em se engajar mais com a empresa; isso poderá fazer bastante mal à sua equipe.

Encoraje e Receba bem todas Contribuições Dentro de seu Departamento
Às vezes alguns líderes se esquecem do quão importante seus colaboradores realmente são. Será ótimo se você conseguir encorajar e receber bem as ideias que sua equipe traz até você. Se essas ideias de fato funcionarem, faça ótimo uso delas, e continue sempre encorajando esse processo. Ao ver suas ideias e contribuições sendo utilizadas de maneira prática, sua equipe se sentirá como parte importantedo seu departamento, e isso lhes dará mais vontade de trabalharemem equipe.

Nunca se Esqueça de Motivação
Sempre haverá equipes que farão somente o mínimo necessário para se manter empregados e ganhando seu salário. Outras precisam ser encorajadas para que sejam bem-sucedidas. É importante que você se disponha a encorajar e dar força à sua equipe assim como é importante que você reconheça quando a equipe fez um ótimo trabalho. Quanto melhor os membros da equipe se sentirem, maior será a probabilidade de que eles se mantenham motivados e produzam ainda melhores resultados.

Sempre Tente Algo Novo
Uma das melhores ações que você pode tomar em relação a sua equipe é tentar novas ideias. Caso sua equipe fique sempre batendo cabeça por conta de um determinado procedimento, tente criar uma nova maneira de lidar com tal situação. Você verá que o que acontece é que por conta de seu esforço, sua equipe irá se manter focada na tarefa e tentará

também criar novas ideias para otimizar suas tarefas.

Nunca Complique As Coisas Mais do Que o Necessário
Você até pode gostar de impressionar aspessoas. Mas se você começa a complicar as coisas, ao invés de simplificar, acabará confundindo e espantando seus colaboradores. A melhor tática é deixar sua ideia sempre a mais clara possível. Mas faça isso sem usar terminologias muito complexas ou instruções muito compridas; agindo assim você verá sua equipe obtendo resultados muito melhores.

### Dicas 11 a 15
**Junte-se aos Outros da Empresa**
Os líderes de maior sucesso sabem que para se chegar longe, é necessária a ajuda de outras pessoas. É aqui que entra a importância de se juntar com outros. Se você agir assim, verá que ao combinar as forças que você possui com as forças que outras pessoas possuem, conseguirá brilhar ainda mais na empresa, atingindo

assim um maior grau de sucesso profissional.

### Cultive o Crescimento de Sua Equipe

Os melhores lideres são sempre aqueles que desejam ver a sua equipe brilhar. São esses líderes que cultivam os talentos de sua equipe assegurando também que ela cresça e floresça dentro da própria empresa. Agindo dessa forma o líder demonstra confiança em suas habilidades e de sua equipe, e que compreende que o sucesso não acontece de forma individual, mas como resultado da ação de uma equipe.

### Saiba Utilizar Bem Aqueles com Carisma

Em todas as empresas, sempre existe aquela pessoa que é muito carismática, a ponto de fazer com que os outros sigam suas decisões com facilidade. Esse tipo de pessoa é geralmente o que se chama de influenciador silencioso. Eles mostram seu apoio e valor ao serem positivos e pró ativos. Vocêdeverá ter essas pessoas do seu lado e nunca esquecer de demonstrar seu suporte e ajuda no longo prazo também.

## Saiba Aquiloque é Necessário Mudar

Não pense que somenteporque tudo está indo bem em seu departamento as coisas devem continuar sempre assim, imutáveis. É assim que um crescimento acaba muitas fezes sendo diminuído ou ate mesmo estagnado. Não haja assim. Pense naquilo que você pode mudar e entre em ação. Agindo dessa forma vocêterácerta vantagem em relação aos seus competidores, sendo capaz de criar estratégias novas e implementá-las de forma efetiva.

## Saiba usar as redes sociais a seu favor

Entre em um grupo de networking pela internet que seja dedicado àsdiscussões que se relacionam com seu ramo de indústria. Assim você poderá observar e aprender como outros profissionais lidam com certas situações. Você pode falar também com amigos seus que atuam em outros segmentos; pergunte a eles como agem em determinadas situações e depois incorpore algumas de suas estratégias. Essas atitudes podem inspirar você a atingirótimosresultados.

**Dicas 16 a 20**
**Saiba Como Aproveitar Melhor uma Conversa OlhonoOlho**

É muito comum que bons lideres se esqueçam da importância desse tipo de conversa. Falar para o grupo como um todo não tem nada de errado, mas sentar individualmente com cada pessoa pode ajudar muito a lhes entender melhor. É nesse momento que você vai poder saber quem é o mais influente naequipe, quem se sente depreciado e quem está pronto para buscar o sucesso.

Equilibre a sua confiança para que ela não se torne arrogância
Ter confiança no trabalho que você está fazendo é muito bom,mas é bom cuidar para não se tornar arrogante. Ao invés disso, continue mantendo um nível de humildade em seu trabalho e compreenda que até o mais sábio dos homens não

pode saber tudo de tudo e, na verdade, não há nada de errado com isso.

### Tenha uma Visão de Onde Você Quer Chegar e Depois Vá Atrás dela

Os grandes líderes têm uma visão clara daquilo que querem atingir, e depois fazem o necessário para torná-la real. Pense nas coisas que precisam ainda ser melhoradas e depois sinta-se inspirado para dar o melhor de si durante o processo. Embora certas coisas demandem trabalho duro e dedicação para que se tornem realidade, o respeito que você ganha ao colocar as visões e ideias na prática será com certeza de grande valia.

### Use o Seu Compromisso e Dedicação para Inspirar Sua Equipe

Quando vemos alguém que é dedicado, comprometido com sua tarefa e apaixonado por aquilo que faz, não tem como não ficarmos inspirados. Isso será bastante importante porque no longo prazo, quanto maior sua capacidade de inspirar, maior será a chance de que sua equipe ganhe mais motivação ao ver você como um profissional dedicado. Isso irá ajudar vocêa levar a sua equipe até um alto nível de profissionalismo.

Não Tenha Medo de Se Arriscar.
A maioria das grandes empresas só conseguiram chegar aonde chegaram porque se arriscaram. Mesmo que a vida seja cheia de desafios, é importante nunca ter medo de se arriscar, principalmente quando você sabe que tem grandes chances de atingir seu objetivo. Tente se arriscar de vez em quando, dessa forma as pessoaspoderão admirar a forma comovocê se arrisca para atingir um novo patamar; como resultado você verá sua empresa crescer graças a sua capacidade de se arriscar de forma positiva e construtiva.

## Dicas 21 a 25
**Saiba como se comportar de maneira profissional**

Líderes que querem realmente obter sucesso devem saber como se comportar profissionalmente. É muito importante que você perceba o que está fazendo e saiba se reorganizar para voltar a desempenhar seu papel. Quando vocêdescobrir que é capaz de lidar com seu próprio ego, assim como comportar-se da forma correta, você verá que será mais fácil dirigir sua própriaequipe.

VocêNão é O Rei
Só porque você está em uma posição "superior" isso não quer dizer que você deve agir como um rei ou um tirano. Seusucessooufracasso dependem de sua equipe também; nesse sentido, é importante que você foque em sua equipe e os trate como iguais. Você verá que, agindo dessa forma, sua equipe estará

mais disposta a confiar em você e, além disso, vocêterá a certeza de que eles estarãolápara lhe ajudar quandovocê precisar.

### Esteja Disposto a Mudar a Qualquer Instante

A vida e o mundo podem dar uma virada em questão de segundos e às vezes nunca mais voltam a ser como antes. Para ter sucesso e crescer na vida, você precisa estar disposto a mudar as coisas, caso isso seja necessário. No final, se começar a adotar essa visão,vocêterá maiorêxito em áreas onde outras pessoas tiveram incapacidade e insucesso.

### Sempre Cumpra a Tarefa

Quando você aceita começar uma tarefa, vocêdeve ir até o fim; até cumprir sua tarefa. Nada coloca o seu profissionalismo mais em xeque do que começar uma tarefa e depois deixá-la de lado outerminá-la de qualquer maneira, entregando um trabalho de baixa qualidade. Caso você já esteja cheio de trabalhosentão aprenda a delegar tarefas. Quando você completa de forma perfeita aquilo que lhe foi pedido, e continua com essa mentalidade de ir até o fim, você verá que será mais respeitado.

Valorize A Sua Equipe
Ser cordial e dizer obrigado é muito bom; porém, os bons líderes sabem realmente como elogiar e valorizar sua equipe. Por conta disso, aprenda a agradecer de forma sincera e humilde e também mostre à sua equipe o quão valiosos e importantes eles são para você. Sua equipe verá isso nas suas ações e isso fará com que se sintam mais valorizados e, ao mesmo tempo, mais motivados; tudo isso graças à sua atitude de saber valorizar a equipe.

**Dicas 26 a 30**
**Saiba Quais São as Suas Limitações e as Aceite**
Ninguém é capaz de saber e fazer tudoe isso é totalmente aceitável, todo mundo é

assim. Se vocêquer liderar uma equipe de forma efetiva, entãosaiba ondese encontram as dificuldades e limitações que você tem; depois disso saiba identificar qual a pessoa de sua equipe é a mais adequada para lhe ajudar. Saber aproveitar as habilidades de sua equipe irá se provar uma atitude mais eficaz do que você querer tentar fazer tudo sozinho. Resumindo: Aprenda a identificar e a utilizar as habilidades particulares de cada um de sua equipe.

Tenha Bom Humor
Os melhores líderes mundo afora sabem olhar a vida e os problemas com bom humor, sem perderem seu foco e tenacidade. E mais, grandeslíderes sabem a hora de levar com bom humor uma determinada situação; agindo dessa forma eles conseguem manter a calma e a tranquilidademesmo em situações adversas; firmes e focados - aos poucos - eles chegamao seu objetivo.

Seja Organizado

Caso a sua vida seja uma bagunça e a sua mesa de trabalho também,ninguém acreditaráque você é a pessoa que está no controle das coisas. Lembre-se, as pessoas tendem a associar sucesso a ideias eestereótipos. Nesse sentido, é importante que você avalie bem como está sua vida e como está seu ambiente de trabalho para ter a certeza de que tudo está organizado de forma lógica e clara. Por incrível que pareça, isso fará com que você projete uma imagem de ótimo líder.

Faça o que Deve Ser Feito para atingir suas Metas

Quando chega a hora decisiva, o verdadeirolíder estará suficientemente calmo e consciente para entrar em ação de maneira eficaz. Você deve ter uma atitude positiva e pró ativa para fazer as coisas aconteceremna prática. Agindo assim, você será sempre considerado como um profissionalconfiávele seus superiores poderão focar-se em outras atividades, poissaberão que podem contar com você.

Nunca aceiteque você é Incapaz de Fazer Algo.
A vida está cheia de obstáculos. Alguns desses obstáculos são colocados por pessoas que dizem que você não é capaz de realizar essa ou aquela tarefa; outros obstáculos podem até mesmo terem sido criados por sua propina mente. Vá contra as dificuldades e se arrisque. Você poderá surpreender-se como esses obstáculos que estão na sua frente podem ser ultrapassados, uma vez que vocêcomeça a esforçar-se de verdade para atingir o sucesso, com toda sua capacidade.

**Dicas 30 a 35**
**Fique Sempre de Olhos Abertos**
Enquanto líder você deve ser capaz de enxergar o todo e saber identificar quando algo não vai bem. Caso você identifique uma situação problemática, é importante que vocêaja de forma rápida e efetiva. Você verá que agindo dessa forma - ou seja, antes que o problema saía de

controle –lhe transformará em um líder mais efetivo.

## Seja Justo Com Todos

Nãoimporta se voce esteja lidando com seu colaborador favorito, ou algum que vocênão gosta tanto, o que importaé sempre ser justo e imparcial. Se algo não deu muito certo, você não pode tratar o individuo X de uma maneira e o Y de outra. Respeito você ganha através da liderança feita com justiça, e isso irá ajudar vocêmuito.

## Sempre Seja Otimista

Haverá momentos que serão difíceis; mas você deve sempre tentar olhar para o lado positivo das coisas, e se possível, mostrar para a sua equipe o que há de bom em uma situação, por menor que isso seja. Fica mais fácilsuportar os momentos difíceis da vida quando se começa a focar nos aspectos positivosao invés de olhar somente para os aspectos negativos. Saiba acolher o lado positivo das coisas e dê a chance para você mesmo de seguir em frente; e de cabeça erguida.

### Tenha alguém que Você Sabe ue Pode Contar

Todo mundo precisa de um parceiro de trabalho em que possa confiar cem por cento. Essa pessoa deve ser alguém de sua confiança e que se importa tanto quantovocê sobre a tarefa a serrealizada. Quando começar a dar atenção a essas pessoas,vocêestará garantindo seu respeito e a certeza de ajuda, caso essa se façanecessária. É importante conseguir acharessa pessoa, para que você possa ajudá-lo a começar a brilhar e ganhar confiança em si própria e em você.

### Sua Equipe É Importante.

Não ponha toda sua energia e tempo no seu trabalho.Lembre-se:sua equipe é de extrema importância e você deve sempre investir um pouco de seu tempo nela. Crie um tempo para o trabalho em equipe e faça as coisas em grupo. Quanto mais fizer isso, maior será seu crescimento e do grupo ao longo do processo.E, de repente, vocêterá uma equipe que você sabe que pode contar e que também confia em você.

**Dicas 36 a 40**
**Escreva seus Planos para aEquipe**
Não importa quantas vezes você diga algo, as pessoas sempre terão algumasdúvidas. Quandovocê tem um plano de ação, a melhor estratégia é falar com alguém da suaequiperesponsável por redigir textos. Isso ajudará sua equipe acompreender todo o seu plano, aumentando assim aprobabilidade de que eles se prontifiquem a fazer o que devem fazer, pois terãouma ideia clara a respeito das suas ideias.

Demonstre Empatia
A vida não é dura somente para você. Em muitos casos, o mundo à nossa volta pode impactar sua equipe. É importante ter empatia pela situação que alguém de sua equipe possa estar passando;

portanto,tente ajudá-lo. Saiba, entretanto, que talvez você precise guiar essa pessoa para que não sofra com impactos exteriores que podem acabar afetando suas tarefas, isso ajudará a pessoa a crescer e ganhar confiança.

Aja de forma decisiva
Uma boa dica é você colocar na balança todas suas opções antes de tomar a decisão final. Uma vez que você tenha tomado a decisão, não mude mais de rota. Saber ser decisivo demonstra que você é capaz de pensar no de forma ágil e efetiva, osso levara você a um novo patamar de sucesso. Mas preste atenção em não interromper os outros de sua equipe a terem boas ideias durante o processo de tomada de decisão,

Ame Sua Equipe
A sua equipe com certeza saberá a diferenciar entre uma mera tolerância da sua parte em relação a eles da noção sincera a respeito daimportância de se estar junto com a equipe. Vocêprecisase

envolver emocionalmente com sua equipe e tambémsaberdar um suporteseguro.Isso causará um impacto positivo e duradouro, levando até apaixão pelo trabalho e o suporte emocional, ambos fatores ajudarão no desenvolvimento da equipe, tornando-a maisefetivana realizaçãode suas tarefas.

Deixe que sua equipefique com o credito pelas conquistas
Todos gostamos de estar no centro das atenções e o simples fato de você ser o líder já fala muito sobre a sua pessoa. Por isso, uma boa ideia é você deixar que sua equipe aproveite e curta os momentos de conquista e permitindo-lhes ficarem com o crédito que merecem. Ser capaz de deixar isso acontecer farácom que você ganhe o respeito de sua equipe e daqueles que estãoà sua volta.

## Conclusão

Oobjetivo de se tornar um líder é algo em quevocê deve acreditar ser capaz de atingir; para isso é importante quevocê continuetrabalhando e aumentando suas habilidades de liderança. Mas lembre-se sempre que haverá bons momentos emomentos não tão bons enquantolídere, por isso, é importante que você tenha força interna suficiente para não desistir por conta de qualquer momento de dificuldade que surgir.

Se você manter esse conselho em mente, estará sempre no controle enquanto líder. Lembre -se também que haveráoutros momentos de dificuldade em que você achará que não estádando o seu melhor ou que há algumas mudanças que você ainda deve fazer. É importante que você entenda que essas ideias normalmentesão fantasias da sua cabeça, e geralmente, não condizem com a realidade.

Deixe que o sucesso de sua equipe e seu departamento seja um indicador de quão bem vocêestá se saindo. No fim das contas, serão as ações e o sucesso deles que terão um reflexo em você enquanto líder. Quando sua equipe começar a brilhar, você verá que ela começará a acreditar cada vez mais em você e nas suas capacidades.

O mundo dos negóciosestá sempre crescendo e se desenvolvendo e você precisa estar preparado para se adaptar. Pegue essas dicas e as use como ferramentas que lhe ajudarão no longo prazo. Aprenda com tudo que elas possam lhe oferecer e deixe que cada dica recebida faça de você um líder melhor dentro de seu departamento, juntamente com a empresa na qual você trabalha. Para finalizar - todas essas ações que você tomarcriarão uma nova e mais positiva imagem da sua pessoaenquantoprofissional, aumentando suas oportunidades no futuro, seja na sua atual empresa ou na indústria como um todo.

www.ingramcontent.com/pod-product-compliance
Lightning Source LLC
Chambersburg PA
CBHW071915070526
44583CB00016B/2009